Sortir du chômage

en moins d'un mois

Contenu

La première chose à considérer lors de la recherche d'un emploi..............3

Ce que vous devez garder à l'esprit concernant votre profil professionnel 8

Actions clés pour trouver un emploi 12

Recommandations pour la recherche d'un emploi 16

Le plan de recherche d'emploi idéal 22

Comment se présenter en tant qu'auto-candidat ? 33

Travail indépendant 34

Recherche d'un emploi sur Internet...37

Comment tirer parti de l'utilisation de LinkedIn pour la recherche d'emploi ?...73

Conseils pour trouver un emploi 77

Trouver un emploi à l'étranger sans en souffrir 82

Trouver un emploi dans le marketing numérique 87

Trouver un emploi sans expérience 92

Les meilleurs portails d'emploi 97

Conseils pour trouver un emploi à plus de 50 ans 100

Guide sur la façon de trouver un emploi

L'un des objectifs personnels de chacun est de parvenir à la stabilité de l'emploi, qui constitue un moyen de subsistance important pour le présent et l'avenir. Trouver un emploi idéal est donc une étape clé de la vie, mais vous pouvez avoir d'autres raisons supplémentaires, telles que le chômage, la fatigue liée à votre situation actuelle ou la recherche d'une croissance financière.

Quelle que soit la raison, vous devez apprendre à vous démarquer des autres candidats et à obtenir une opportunité, et pour que cela ne devienne pas un défi impossible pour vous, vous devez suivre chacune des recommandations énoncées pour faire de vous le candidat idéal que toute offre d'emploi requiert.

La première chose à considérer lors de la recherche d'un emploi

Lorsque vous essayez de chercher un emploi et que vous n'obtenez pas de réponses positives, cela signifie que vous ne pouvez pas négliger certains facteurs et détails lorsque vous postulez à un emploi alternatif, jusqu'à ce que vous obteniez l'opportunité d'emploi que vous souhaitez, pour accélérer ce résultat vous pouvez considérer des conseils qui serviront d'impulsion, comme les suivants :

- **Connais-toi toi-même**

Une première étape pour obtenir l'emploi de vos rêves est de procéder à une auto-évaluation, car cela vous permet de reconnaître vos points forts, ainsi que d'identifier les domaines dans lesquels vous devez travailler pour vous développer ou vous améliorer. En tenant compte de ces éléments, vous pouvez aspirer à une meilleure présentation de l'emploi.

Lorsque vous commencez à vous efforcer d'augmenter vos capacités, vous recevez un meilleur traitement ou une meilleure attention pour vos talents, ce qui constitue un coup de pouce important dans le processus de sélection pour être un meilleur candidat pour cet emploi, et en même temps, cela permet de découvrir l'emploi qui est compatible avec vos qualités.

Être clair sur ses compétences et aptitudes aide à visualiser le type d'environnement qui lui correspond, c'est la réponse pour choisir le métier ou la profession que vous voulez, en plus vous pouvez faire une liste des objectifs que vous voulez atteindre au travail, ensuite vous pouvez penser aux outils et techniques pour y arriver.

Au fur et à mesure que vous acquérez des connaissances dans ce domaine, vous pouvez devenir bien placé pour exercer les activités habituelles dans ce domaine. Il est important que vos compétences puissent être qualifiées par des diplômes ou autres certifications qui servent de preuve de votre parcours professionnel.

- **Définissez le type de travail que vous souhaitez**

Un point commun de l'échec de l'emploi est que dans la recherche d'emploi n'est pas défini correctement le type d'emploi qu'ils veulent, pour éviter cela, vous devez déterminer le type de personnes que vous recherchez ou vous prévoyez de se rapporter à, aussi si vous connaissez l'horaire qui génère le plus de confort devient un autre objectif lors de la recherche d'un emploi.

Au milieu de vos attentes, il y a aussi les avantages que vous cherchez à tirer de l'exercice de votre métier. Vous pouvez donc commencer par créer une liste comportant une section "exigences", une section "préférences" et une section "non essentielles", afin de pouvoir établir vos priorités pour chaque aspect du travail.

Définir ce que vous recherchez est ce que vous devez garder à l'esprit au milieu d'un entretien d'embauche, car il s'agit de vos goûts, et de ce que vous ne considérez pas comme fondamental pour prendre une décision concernant une offre d'emploi.

- **Établissez en quoi vos compétences contribuent au poste à pourvoir.**

La recherche d'emploi permet d'estimer les avantages économiques, par rapport aux traits de personnalité que vous possédez, puisque la contribution que vous souhaitez apporter a un coût ou une évaluation économique, en identifiant les caractéristiques de votre façon d'être, vous pouvez quantifier ce que vous valez pour l'entreprise.

Ce qui est le plus apprécié dans n'importe quel poste et qui est reconnu financièrement, c'est la ponctualité, la responsabilité, l'engagement et la capacité à travailler en groupe, qui doivent être présentés dans le cadre des tâches assignées, ce qui se transforme en une performance brillante que chaque entreprise ou société reconnaît et recherche.

- **Identifier le type d'entreprise pour laquelle vous aspirez à travailler**

Une estimation importante avant de chercher un emploi est le lieu où vous voulez travailler, car le profil de l'entreprise doit aller de pair avec votre performance, cela facilite l'adaptation et en même temps que vous êtes satisfait de l'espace où vous vous développez la plupart de la journée.

Lorsque vous êtes confronté à différentes options d'emploi, vous pouvez évaluer la culture de l'entreprise, ainsi que l'attitude des responsables et de l'organisation qu'elle représente. Vous pouvez étudier ces éléments sur la base de ce qui vous est proposé afin de vous faire une idée de ce à quoi ressemblera le travail, ce qui vous permettra de choisir plus clairement l'option qui vous convient.

Ce que vous devez garder à l'esprit concernant votre profil professionnel

La formation d'un profil professionnel vous aide à obtenir l'emploi que vous attendez. Il s'agit d'un visage de présentation à une entreprise ou à un commerce, où certains candidats ont plus d'expérience dans un domaine mais celle-ci n'est pas exposée correctement dans le curriculum, ce qui rend difficile de trouver une offre d'emploi.

Il est essentiel d'organiser chaque information de votre CV pour présenter clairement vos études, vos connaissances, votre expérience professionnelle, mais aussi vos aptitudes, sans oublier le côté esthétique en incluant des études complémentaires, ainsi que votre capacité dans certains objectifs et domaines.

- **Indiquer correctement l'expérience et la formation**

Une section importante du CV est celle-ci, où chaque formation reçue et effectuée est convertie en expérience, au milieu de cette explication vous ne devez pas entrer dans les détails, mais vous pouvez mentionner les entreprises et les fonctions clés que vous avez exercées, cela vous permet de concevoir un profil attractif.

Au milieu de cette description, vous devriez placer les domaines de travail dans lesquels vous avez la plus grande maîtrise, cela vous permet de clarifier les forces que vous possédez, étant utiles pour remplir ce travail particulier, au milieu de cette explication vous pouvez incorporer la maîtrise des langues et les connaissances sur certaines tâches.

- **Mettez fréquemment votre CV à jour**

La présence du curriculum doit être soignée à tout prix, c'est pourquoi la mise à jour est essentielle pour ajouter les cours et autres formations que vous faites, ce genre d'information construit un profil professionnel solide, cela va également à la mise à jour du design, afin qu'il soit adapté au format le plus moderne et soit accepté.

- **L'impact de la photographie**

Une image est un aspect à placer dans le curriculum avec un style sérieux, car c'est un élément qui communique beaucoup, il travaille également à humaniser cette présentation professionnelle pour donner de la force à l'information dans le texte, il est recommandé que vous émettez différents plans ou captures, sans perdre la sympathie et être une grande impression.

- **Créez une section "à propos de vous" pour y inclure des détails vous concernant.**

La section du CV consacrée à la personnalité doit être prise au sérieux, car les caractéristiques doivent faire en sorte que l'on vous considère ou que l'on vous qualifie comme une personne apte à obtenir l'emploi que vous recherchez. Au milieu de cette section, vous pouvez insérer des hobbies pour préciser ce que vous aimez le plus.

Ces détails sont très utiles pour que, lorsque vous étudiez votre profil professionnel, il exprime également votre personnalité, ce qui vous permet d'attirer l'attention sur d'autres candidats.

- **Consulter votre revue avec une autre personne**

Une fois que vous pensez que votre CV est finalisé, vous pouvez le montrer à quelqu'un d'autre pour noter quand une information ne correspond pas à qui vous êtes ou à ce que vous cherchez à démontrer, ou vous pouvez recevoir des recommandations afin de recevoir d'excellentes offres et d'avoir un emploi idéal.

Actions clés pour trouver un emploi

Pour tester votre offre personnelle sur le lieu de travail, vous devez être au courant de tous les environnements qui offrent des postes correspondant à ce que vous recherchez, mais pour être en contact et ne manquer aucune opportunité, vous devez commencer par prendre ces mesures :

1. **Postez et commentez que vous cherchez du travail**

La nécessité de chercher un emploi n'est pas un fait que vous devez cacher, mais au contraire, vous devez exprimer votre intention d'obtenir un poste de travail ou un changement d'emploi, car cela provoque l'expansion de l'information jusqu'à ce que vous trouviez les alternatives disponibles sur le marché du travail, ce qui vous permet de sélectionner la meilleure pour vous.

Il ne fait aucun doute que vous pouvez tomber sur des offres d'emploi dont vous n'avez pas connaissance, c'est une réalité lorsque vous exprimez vos désirs et le domaine qui vous intéresse, il ne s'agit pas de se gêner, mais d'exploiter une alternative, il est important d'établir des contacts pour identifier toute disponibilité d'emploi.

2. **Inscrivez-vous sur certains sites d'offres d'emploi**

Une alternative fréquente de nos jours, est de rechercher et de faire partie de plateformes en ligne spécialisées dans ce domaine, car ce sont des médias où les offres d'emploi sont fréquentes, en faisant cette démarche vous pouvez élargir les possibilités de recevoir des offres d'emploi, vous pouvez configurer des notifications pour être toujours au courant.

Dans ce type de sites, la valeur et l'offre de votre profil professionnel sont prises en compte, ce qui s'exprime par les informations placées dans des formulaires numériques, c'est une façon de faire connaître les détails personnels et académiques, ceux-ci seront appréciés par les entreprises et toute personne intéressée.

3. **Assurez-vous que tout est correct**

Sur le profil professionnel, il est très important que vous puissiez vérifier que chaque détail est correct, la vérification n'est jamais de trop, chaque information doit être présentée de manière idéale, ce qui implique de ne négliger aucune faute d'orthographe, et encore moins de manquer un élément représentatif.

4. **Dévouement pour des offres d'emploi réalistes**

Dans certaines situations drastiques, il se peut que vous soyez désespéré de trouver un emploi, mais cela ne doit pas être votre motivation pour agir, car cela peut vous amener à considérer n'importe quelle offre qui apparaît sur internet, ou n'importe quel appel ou offre, mais vous devez être prudent lorsque vous présentez une telle précipitation.

Prendre des décisions peut vous amener à participer à des emplois trompeurs, ou à une offre d'emploi qui ne vous convient pas personnellement. Ainsi, après chaque option d'emploi, vous devez vous visualiser dans celle-ci, ce qui vous aidera à déterminer s'il s'agit d'une bonne offre pour vous, ainsi que le facteur économique et le type d'entreprise.

5. Gardez l'œil ouvert pour tout contact

Répondre ou du moins recevoir rapidement une offre d'emploi permet de réaffirmer votre intérêt pour le poste, ce qui est souvent mesuré par l'entreprise, car si l'on vous propose un autre emploi et que vous mettez du temps à répondre, cela est interprété comme un signe d'apathie et vous devez donc être totalement attentif.

6. Étudier les offres d'emploi de façon régulière

L'objectif d'obtenir un emploi est un travail constant, vous ne devez négliger aucune offre, d'autre part, lorsque vous suivez un cours ou une formation, vous devez modifier vos exigences, c'est-à-dire que cela implique que vous soyez en permanence à jour de ce que vos capacités offrent, et des opportunités du marché du travail.

Recommandations pour la recherche d'un emploi

La préparation de la recherche d'emploi est vitale en termes de présentation personnelle. Vous devez donc soigner chaque détail inscrit sur votre CV, ainsi que ce que vous allez dire lors de l'entretien, sans oublier que vous devez satisfaire ou avoir préparé les exigences générales qui peuvent vous être demandées pour accéder à un emploi.

Les questions habituelles pour accéder à une opportunité d'emploi, vous pouvez les étudier à l'avance, cela vous permet d'avoir une manière assurée de vous attendre ou d'imaginer ce à quoi vous allez faire face, c'est une manière d'arriver à un résultat positif sur l'emploi que vous recherchez.

Afin de ne négliger aucun type d'offre, vous pouvez mettre en œuvre et suivre les recommandations suivantes :

- **Soignez votre lettre de motivation**

Une lettre de motivation est un instrument idéal pour présenter vos compétences, elle peut être accompagnée d'un curriculum vitae, c'est un document qui vous aide à exprimer d'autres éléments de votre profil professionnel, vous pouvez clarifier tout ce qui concerne vos connaissances et vos compétences.

Pour développer ce que vous offrez au niveau du poste, c'est une réalité à travers ce document, où exposer l'objectif professionnel ne génère aucun problème, pour cela vous pouvez utiliser différents modèles de lettres de motivation, où certains peuvent être utilisés comme une forme de réponse à l'annonce.

Une autre façon de l'utiliser est de postuler spontanément à une offre d'emploi, ou de répondre à une recommandation d'un membre de la famille ou d'un ami, sans oublier que ces documents sont lus attentivement par un découvreur de talents, et qu'il s'agit donc d'une voie par laquelle ils peuvent vous contacter.

- **Modèles de programmes de recherche**

Le CV change de format tous les ans environ. Lorsque vous décidez de chercher un emploi, veillez à donner l'impression d'être un candidat à jour en incluant toutes les informations qui font bonne impression et qui sont en même temps dans le bon ordre.

Normalement le curriculum peut être créé avec une approche de base, que vous pouvez trouver en ligne et qui postule une orientation beaucoup plus éducative, le développement ou le récit est présenté à travers un ordre chronologique, depuis l'antiquité ce type d'ordre a été appliqué et est idéal pour ceux qui cherchent à se démarquer pour le mérite académique.

Un autre style à utiliser est le style fonctionnel, étant l'un de ceux qui imposent comme protagonistes les compétences professionnelles, de cette façon vous pouvez vous distinguer par le type de fonctions que vous êtes capable de réaliser ou que vous avez réalisées, ceci n'a aucun type d'ordre chronologique et cache toute déficience académique.

Une troisième alternative est la combinaison du style de base et du style fonctionnel, qui est un moyen approprié de décrire à la fois le développement éducatif et les compétences professionnelles, utilisé pour les candidats qui ont un haut degré d'expérience pour mettre en valeur leur formation.

- **Améliorer les points clés d'un programme scolaire**

Avoir une image responsable lors d'une candidature à un emploi est possible lorsque votre profil professionnel est valorisé. Pour que le recruteur puisse plus facilement se concentrer sur ces points, vous devez tout d'abord vous poser les questions suivantes :

1. **Parlez de vous**

C'est un espace important qui s'ouvre dans le CV, vous devez faire attention à ce que vous y placez, car c'est un moyen pour vous de décrire les qualités personnelles et les compétences professionnelles qui vous permettent de vous démarquer des autres candidats, cela doit être aligné ou centré sur le type de poste que vous recherchez.

2. La raison pour laquelle vous êtes à la recherche d'un emploi

L'opinion que vous avez sur la recherche d'emploi est importante pour élargir votre expérience professionnelle, c'est un discours que vous pouvez mettre sur votre CV, car c'est un moyen de mettre en valeur vos aspects positifs et montre que vous vous engagez à travailler sur l'offre d'emploi.

3. Que savez-vous de l'entreprise

Vous devez faire attention à la considération de l'entreprise, la meilleure solution est de faire vos recherches afin de démontrer que vous êtes intéressé à faire partie de l'organisation, sinon vous pouvez faire appel à votre plaisir à exercer la responsabilité du poste au point de le présenter comme une passion.

4. Quelle est la priorité absolue dans votre vie ?

Cette section signifie que dans de nombreux CV ou entretiens, la réponse est que le travail est la chose la plus importante dans votre vie, ce qui peut être trompeur dans de nombreuses circonstances, et peut même être supposé faux lorsque par exemple il apparaît que vous êtes marié, il est donc préférable de placer et d'exprimer que l'essentiel est l'amélioration de soi.

Pour autant que vous puissiez définir ce type d'impressions de manière plus conviviale, vous pouvez montrer que vous apportez de la valeur à l'entreprise, tout en recherchant le bien-être et le confort pour vous personnellement ou pour votre famille.

5. **Le type d'expérience qui correspond au poste de travail**

Lorsque vous trouvez une offre d'emploi qui correspond à votre profil professionnel, vous devez vous concentrer sur le niveau d'expérience dont vous disposez dans cet environnement. Si vous ne trouvez pas de correspondance, vous pouvez vous concentrer sur l'amélioration de vos compétences et de vos points forts afin d'être en mesure d'accepter ce type de poste.

6. **Qu'est-ce qui vous distingue sur le plan professionnel ?**

Lorsque vous vous posez cette question, vous devez essayer de faire en sorte que la réponse aille dans le même sens que les caractéristiques exigées par le poste, car de cette façon vous avez plus de chances de trouver une réponse positive, pour cela il est toujours conseillé de se définir comme un leader, de cette façon vous exposez votre capacité et votre ambition.

Le plan de recherche d'emploi idéal

Lorsque vous cherchez un emploi, vous devez garder à l'esprit qu'il s'agit d'une action planifiée, dès le début, vous devez essayer autant que possible de ne négliger aucun aspect, vous devez donc élaborer un plan qui vous aidera à changer votre vie, de cette façon vous pourrez utiliser vos capacités pour arriver là où vous voulez aller, en faisant ces actions :

- **Explorez vos capacités**

Au début, toute recherche d'emploi peut sembler désorientante, mais vous pouvez en prendre le contrôle grâce à vos objectifs personnels et au profil de carrière que vous avez établi. Pour que cela porte ses fruits, vous devez vous consacrer à réfléchir à ce que vous voulez faire et à ce que vous êtes capable de faire.

La cohérence dans la poursuite et la réalisation de ces estimations doit être unique, donc l'objectif professionnel doit se situer dans le choix de la distance à parcourir, qui peut être mesurée à court ou à long terme, toujours avec une vision directe de vos intérêts et besoins.

Comme vous êtes en mesure d'étudier cet objectif à un niveau personnel, vous pouvez faire preuve de plus d'initiative et de clarté dans votre recherche d'emploi, car vous mesurez toutes les opportunités sur le marché du travail par rapport à un point de référence plus personnel, ce qui peut en fin de compte vous garantir un rôle plus permanent et plus évolutif.

Lorsque vous savez ce que vous voulez faire, que vous pouvez prendre pleinement conscience de qui vous êtes sur le plan professionnel et le démontrer sur l'offre d'emploi que vous avez reçue, il ne fait aucun doute que cela représente une étape clé.

- **Réfléchir et établir un inventaire personnel**

Faire une concentration de vos capacités en face d'une certaine position, est une manière de manifester votre objectif professionnel, c'est une marque importante pour avoir plus de succès sur le marché du travail, pour vous aider vous pouvez construire un schéma qui expose votre profil professionnel.

Dans le cadre de la définition personnelle, vous pouvez étudier les variables de votre formation, de vos aptitudes et de vos compétences, ainsi que l'expérience professionnelle que vous avez acquise dans cet environnement, afin de bien cerner le type d'activité que vous recherchez, jusqu'au point financier et aux conditions de travail.

Vous ne pouvez pas ignorer la demande actuelle du marché, vous pouvez y ajouter ce que vous pensez être pertinent pour votre connaissance de vous-même, l'important est de tenir compte de vos préférences afin d'être prêt à lutter et à trouver ce qui est la plus grande priorité pour vous, en prenant contact avec les emplois en conséquence.

Les activités économiques les plus demandées ou les plus exploitées dans votre environnement sont un indice de ce sur quoi vous devez vous concentrer, car vous pouvez vous adapter à ces emplois pour avoir accès à des opportunités, mais pour y parvenir, il est indispensable que vous connaissiez le marché du travail.

- **Le fonctionnement du marché du travail**

L'environnement du travail peut vous ouvrir de nombreuses portes, mais pour cela vous devez en connaître la composition, qui tourne autour de l'offre, des intermédiaires et de la demande, en définissant chacun d'eux vous pouvez avoir une vision de ce que vous pouvez trouver, dans le cas de l'offre il s'agit des emplois qui sont sur le marché du travail.

Ce point est très changeant de nos jours, car il s'agit d'un environnement dynamique qui nécessite une mise à jour des données ou des tendances afin que l'offre personnelle soit en phase avec la demande disponible.

Si, dans cet environnement, des intermédiaires sont impliqués, c'est-à-dire des entités qui ont pour fonction de mettre en relation l'offre et la demande, ce qui permet d'établir des contacts de manière rapide et efficace, la technologie permet de représenter cet environnement par différentes plateformes.

L'un des secteurs qui a perdu du poids face à la mondialisation est l'offre d'emploi publique, proposée par l'administration publique, mais il s'agit d'un canal fiable en raison du nombre d'offres d'emploi disponibles, mais il y a une plus grande préférence pour le secteur privé car il s'agit d'une alternative mieux rémunérée dans de nombreux cas.

Ces points vous permettent de structurer un plan de recherche d'emploi, sans perdre de vue votre réalité personnelle, sociale et professionnelle. Ces trois points fusionnent pour générer une perspective des voies qui s'offrent à vous pour atteindre un emploi qui vous convient.

L'attitude positive que vous pouvez maintenir à l'égard du marché du travail, mais surtout reconnaître ce que vous devez développer vous-même, c'est-à-dire les connaissances, pour être un candidat adéquat pour cette offre d'emploi, afin que vous puissiez vous concentrer sur les aspects pratiques de la recherche d'emploi.

- **Comment chercher un emploi**

Il existe plusieurs options pour rechercher un emploi, la plus habituelle étant le réseau de contacts, car il suffit de maintenir une communication active avec les amis, les employeurs et même les cours de formation pour ne pas laisser passer l'occasion qui se présente, une autre mesure consiste à répondre à tout type d'offre d'emploi qui a été publiée.

Une autre mesure qui vous permet d'être considéré comme un candidat possible est de postuler par le biais d'une auto-candidature, car vous pouvez offrir vos services aux entreprises au-delà de la recherche d'un emploi, ce qui peut être utilisé comme un appât pour être considéré au moins.

Normalement, la décision concernant les CV reçus dépend de la base de données des candidats, des amis et des sites d'offres d'emploi. Se présenter soi-même par ces canaux peut donc vous aider à obtenir un emploi de manière efficace. Vous devriez donc enregistrer votre CV auprès de quelques entreprises et utiliser au maximum les vertus des médias sociaux.

Vous devez penser que le processus de recherche d'un emploi est similaire à la vente d'un produit, seulement dans ce cas vous offrez vos services, donc vous devez promouvoir vos caractéristiques, étant un fait simple au moyen d'une analyse personnelle, et mettre à jour vos outils de présentation.

- **Le curriculum comme outil de marketing**

Le CV ne doit pas être vu ou façonné de manière ennuyeuse, vous pouvez plutôt adopter une image de marketing, à partir de la formulation vous pouvez changer l'impression professionnelle que vous pouvez percevoir, cela ne signifie pas qu'il faille mentir ou autre, mais qu'il s'agit d'informations précieuses et surtout qu'elles sont à jour.

D'autre part, comme il s'agit d'un instrument qui doit attirer l'attention, vous devez veiller à ce qu'il ne soit pas long, et encore moins forcé, et il n'est pas souhaitable que l'accent soit mis sur les données personnelles, l'essentiel étant le domaine professionnel, où vous pouvez inclure des qualités précieuses pour être un candidat attrayant.

Le mieux est d'adapter votre CV à chaque candidature, afin de mettre en avant un point qui facilitera votre choix. Il n'est pas nécessaire d'inclure trop d'informations, juste les plus pertinentes, toujours en fonction du type de candidature que vous présentez.

- **Les types de CV les plus courants utilisés lors de la recherche d'un emploi**

Au niveau classique, on utilise une série de programmes d'études qui ont marqué le milieu professionnel. Vous devez donc connaître chacun des programmes suivants et choisir celui qui vous convient le mieux :

1. **Chronologie**

Dans ce cas, le contenu du curriculum peut être trié par dates, en partant du plus récent au plus lointain dans le temps, notamment pour les expériences professionnelles.

2. **Fonctionnel**

Il s'agit d'un ordre dans lequel la formation et l'expérience que l'on possède sont impliquées, cela peut être établi en blocs de sorte que le thème fonctionne comme une classification de ces données, cela permet à une personne qui possède une formation marquante de la présenter avec une grande lucidité.

3. **Europass**

Il s'agit d'un curriculum de type européen, visant à une meilleure présentation des compétences et des qualifications dans le cadre d'une norme simple, qui est d'usage général dans toute l'Europe.

D'autre part, au-delà des classiques, il existe des programmes d'études qui ont adopté une tendance beaucoup plus moderne, dans ce sens, les suivants sont utilisés :

1. **Infographie**

Lorsque vous êtes à la recherche d'un emploi, notamment auprès d'entreprises très demandées, il est préférable d'opter pour un design simple et accrocheur, afin d'attirer davantage l'attention sur la montagne de candidatures qui existent, tout cela grâce au renforcement de l'environnement visuel, en optant pour le pouvoir des infographies.

Dans certains cas, les candidats optent pour un CV vidéo, c'est-à-dire une présentation vidéo, qui peut être externalisée ou utilisée via des applications modernes.

- **La pertinence d'une lettre de motivation**

Accompagner un CV d'une lettre de motivation est séduisant, parce que vous pouvez l'utiliser comme une carte de visite, parce que vous avez le pouvoir de refléter et de saisir les attitudes, les compétences et autres aspects que vous voulez faire valoir, cela peut être élaboré au moyen d'une auto-candidature parce que l'entreprise vous considère davantage.

Quel que soit l'environnement ou le marché du travail dans lequel vous souhaitez entrer, il est préférable de rédiger une lettre de motivation afin de tirer parti de tout poste vacant actuellement disponible ou susceptible de l'être à l'avenir.

Comment se présenter en tant qu'auto-candidat ?

Étant donné le désir de travailler, il est important que vous considériez l'initiative de postuler à une entreprise sans tenir compte du fait qu'elle a besoin de candidats ou non, c'est ce qu'on appelle une candidature spontanée, avec le temps, c'est devenu une stratégie efficace, car vous ne faites face à aucune concurrence et vous pouvez être pris en considération à l'avenir.

Vous devez vous y préparer à l'avance et faire preuve de patience, car il se peut que l'entreprise n'ait pas encore prévu d'embaucher dans un avenir proche, mais ces démarches doivent de préférence être effectuées dans des domaines que vous maîtrisez afin de vous démarquer dans le processus de candidature.

Qu'il y ait une annonce de recrutement ou non, vous pouvez vous inscrire dans leur base de données, ou ils seront au courant de vos compétences au cas où ils auraient un besoin, et le simple fait de visiter les lieux pour postuler vous permet d'acquérir de l'expérience et des connaissances dans ce domaine.

Pour effectuer ce type de présentation de l'emploi, vous pouvez téléphoner, visiter l'entreprise en personne, et d'autres moyens qui vous semblent réalisables. Ce moyen de recherche d'emploi peut être utile dans des secteurs tels que l'hôtellerie et le commerce, de même que vous pouvez enquêter sur l'entreprise pour visualiser les postes que vous pouvez trouver.

Mesurer les opportunités de postes vacants sur une entreprise vous permet de gagner du temps et vous facilite la tâche lors de votre présentation, mais ce n'est pas un travail facile, cela demande de l'engagement et un certain nombre de visites et de recherches sur les entreprises, bien qu'elles soient généralement envoyées par email, mais cela vous prive de votre expérience.

Travail indépendant

La demande d'une idée d'entreprise personnelle est également une alternative pour exploiter vos compétences professionnelles, mais pour cela vous devez étudier et surmonter différentes conditions intermédiaires, bien que vous deviez également avoir un objectif établi, un profil professionnel et le marché sur lequel vous souhaitez travailler.

Dans ce type de développement, vous devez avoir une connaissance complète des entreprises qui opèrent dans le secteur, afin de pouvoir également générer des revenus de cette manière, soit en dirigeant une entreprise, soit en exerçant de manière indépendante un type de service basé sur votre formation professionnelle.

Mais la source même des moyens de subsistance est entièrement concentrée sur vos propres actions, de sorte que le travail indépendant est classé comme un emploi salarié, où vous pouvez traiter directement avec les clients, cela peut se manifester comme une entreprise individuelle, car il s'agit d'une organisation d'une seule personne.

D'autre part, il y a la manière autonome, où vous n'appartenez pas à une entreprise, mais offrez vos services. Chacune de ces formes de travail indépendant vous permet d'avoir un programme de vie adapté à vous, sans suivre aucune sorte de directive d'un employeur.

Dans le cas de la possession de votre propre entreprise, vous êtes bien plus inspiré de la faire évoluer vers une grande société, et tout l'intérêt de ces efforts est que vous générez de la richesse pour vous-même, et que pendant votre temps libre, vous pouvez vous consacrer à d'autres activités qui vous plaisent.

Mais il n'y a pas que des avantages, car il implique un plus grand degré de responsabilité et d'engagement, puisque vous devez couvrir personnellement le paiement des impôts et de toute autre gestion qui représente l'entreprise, d'autre part, vous devez également payer la sécurité sociale correspondant au pays.

Nonobstant le fait que la gestion d'une entreprise est une tâche considérable, c'est un chemin qui exige de l'autodiscipline, et à un certain point il devient addictif de se désengager des obligations quotidiennes à affronter, ainsi que la question du revenu est variable, ce qui vous oblige à avoir un plan alternatif pour certaines périodes de faible production.

Ces risques peuvent être gardés à l'esprit lorsque vous faites le grand saut, afin que vous soyez conscient de ce que vous gagnez et des actions à entreprendre pour atteindre ce niveau.

Recherche d'un emploi sur Internet

L'internet offre un grand nombre d'offres d'emploi, ainsi que des idées que vous pouvez mettre à profit. C'est également un support où vous pouvez présenter votre CV et même profiter d'entretiens qui peuvent être organisés via l'internet, autant d'éléments essentiels pour votre développement.

Pour réaliser la recherche d'emploi par ce moyen, c'est que vous utilisez l'internet comme votre meilleur allié, pouvant étudier et faire ressortir les principales caractéristiques qui se cachent derrière chaque offre d'emploi, donc son principal avantage est le côté universel qu'il a, pour trouver une variété d'offres publiées.

Ce moyen de communication est de plus en plus utilisé, ce qui explique la création d'une grande diversité de portails web qui aident à diffuser les offres d'emploi. Il s'agit d'une connexion plus directe entre les emplois et les candidats, et ce type de site web vous permet également de publier et de partager votre curriculum vitae.

Internet est un moyen de mieux connaître les entreprises et le marché du travail lui-même, ce qui augmente la possibilité d'être embauché, sans oublier qu'il s'agit d'un moyen efficace de recherche, permettant d'atteindre le secteur qui vous intéresse le plus, cette alternative vous aide à être informé de toute incidence du marché du travail.

Un moyen comme l'internet est le résultat de l'innovation, c'est pourquoi il est classé comme le canal avec la plus grande recherche d'emploi, c'est pourquoi vous devriez profiter de cette alternative, qui vous soutient pour que vous n'ayez pas à perdre trop de temps, maintenant vous n'avez pas à quitter la maison pour découvrir ce que le marché du travail a à offrir.

Avant de vous plonger dans les différents aspects disponibles sur Internet, vous devez connaître un point fondamental :

- **Philosophie lors de la recherche d'un emploi**

Un aspect essentiel à prendre en compte lors de la recherche d'un emploi est l'attitude avec laquelle vous effectuez cette tâche, car si vous avez une mauvaise attitude, vous n'obtiendrez pas les résultats escomptés, et vous devez également tenir compte du fait que la recherche d'un emploi est un travail en soi, au point d'être une expérience fatigante.

Cela signifie que plus vous vous concentrez sur votre préparation, meilleur sera le processus de recherche. La règle principale est donc de maintenir une bonne attitude et une prédisposition, dans chaque candidature il est essentiel de soigner la discipline, afin de pouvoir profiter de l'opportunité d'emploi idéale pour vous.

Quel que soit le résultat, vous ne devez pas vous décourager, vous ne devez pas ignorer que vous serez soumis à divers refus, et cela ne signifie pas que vous ne devez pas investir une quantité considérable de temps, l'essentiel est que vous puissiez continuer sans abandonner au milieu de la tentative, vous devez donc suivre vos objectifs personnels.

La pensée à suivre est de tirer le meilleur parti de votre temps, par le biais du chômage, vous devriez utiliser cette énergie à votre avantage, pour mettre de côté les obstacles, afin de ne pas quitter votre objectif des yeux, ce genre d'élan que vous pouvez garder en faisant ces activités :

1. **Travail bénévole**

Ce type d'activité est utile pour que votre temps libre soit bien utilisé, car vous ferez partie d'une occupation qui augmente votre estime de soi, et vous pourrez acquérir des compétences pour être plus utile, surtout si cela a un rapport avec le domaine dans lequel vous voulez vous développer en tant que professionnel.

Le temps que vous pouvez passer au milieu de ces activités, vous permet d'analyser si vous êtes satisfait de ce que vous faites au niveau professionnel, ce qui fait que dans un scénario négatif, vous avez la capacité de vous ouvrir à d'autres voies ou défis, ce qui peut vous amener à suivre un autre type de formation professionnelle.

2. **Spécialisation pour être informé**

Au-delà de la recherche d'un emploi, il est essentiel que vous soyez informé de tous les détails concernant le marché du travail, il en va de même pour le type de profession que vous exercez, afin de ne rien manquer des nouveautés, en profitant de ce niveau d'information pour ne pas vous rouiller face aux connaissances modernes.

Ce temps peut être utilisé pour suivre les cours que vous avez repoussés depuis si longtemps, idéalement du temps dépensé de manière efficace, vous laissant avec une préparation authentique pour rendre vos compétences visibles dans la recherche d'emploi que vous entreprenez.

L'attente d'un emploi mérite une attitude beaucoup plus ouverte, parce que tout ce que vous êtes capable de croire, vous pouvez le faire, l'attitude positive est très important avant tout, parce que si pas tout l'effort ne vaut pas beaucoup, il est conseillé de présenter le meilleur visage et la volonté d'obtenir de recevoir l'opportunité d'emploi.

- **La motivation et l'attitude positive sont essentielles**

Dès le début d'une recherche d'emploi, il est vital que vous ne perdiez pas courage, et encore moins confiance en vous et en ce que vous valez, vous devez vous convaincre complètement de faire partie des opportunités disponibles sur le marché, ceci est contagieux pour les autres afin qu'ils vous voient comme un candidat idéal pour un poste.

Un état d'esprit positif élimine tout obstacle à la recherche de l'emploi désiré, car vous transmettez ce niveau de préparation pour aborder toute offre d'emploi, et ce type d'attitude est lié à une vision de la réussite qui peut être utilisée sur un secteur d'emploi pour conduire la dynamique de l'environnement.

Être en contact avec les clients et l'intervieweur avec ce genre d'attitude est une avancée en soi, être capable de combattre toutes les difficultés qui surgissent au milieu de cette conquête d'emploi, sans considérer les options avec un haut niveau de désespoir, est un moyen d'obtenir de meilleurs résultats.

Au-delà du fait d'être positif, n'oubliez pas le côté proactif de l'éligibilité à une offre d'emploi, car elle exige une plus grande capacité à agir sans que votre supérieur vous le demande, ce qui est une caractéristique courante des emplois d'aujourd'hui, ce niveau d'encouragement est très apprécié.

- **L'importance de la mise en œuvre de l'estime de soi**

Une bonne estime de soi vous pousse à vous présenter de manière plus confiante à une offre d'emploi, elle vous permet de garder une attitude beaucoup plus persévérante, de cette manière vous obtiendrez l'offre d'emploi sur le poste désiré que vous recherchez, dans les cas où vous avez perdu l'emploi que vous aviez, c'est un départ plein de vie.

Reconnaître l'utilité que vous avez dans un certain secteur professionnel, également en tant que personne, vous aide à rechercher ce qui vous revient de droit, c'est-à-dire ce que vous méritez en fonction de la formation et de l'expérience que vous avez, il est donc précieux d'avoir ce genre de volonté d'aller plus loin, les pensées dans cette direction vous aident à obtenir de bonnes nouvelles.

Petit à petit, vous pouvez explorer l'environnement de travail, sans perdre ou endommager votre estime de soi, même s'il y a un manque de réponse, parce que le processus de recherche d'emploi peut être tardif, mais cela ne doit pas saper vos intentions, car cela peut conduire à une dépression majeure.

Au lieu de jeter l'éponge, vous ne pouvez qu'accepter le refus pour continuer à chercher l'opportunité d'emploi désirée, sans tomber dans la tristesse car ce n'est qu'un sentiment qui est votre pire ennemi, dans un recrutement vous cherchez des candidats qui ont une grande estime, si vous n'atteignez pas ce niveau il est difficile d'être embauché.

- **Moyens de recherche d'emploi sur Internet**

La première chose à exploiter sur internet, ce sont les moyens par lesquels on peut postuler à un emploi, et il est essentiel de savoir les utiliser pour obtenir un bon emploi, donc les principales voies à emprunter pour progresser sur le marché du travail sont les suivantes :

1. Courriel.

C'est un moyen de communication direct sur internet, vous pouvez profiter du contact que l'entreprise a, c'est un moyen principal pour communiquer facilement, pour utiliser ce moyen pour trouver une opportunité d'emploi, vous devez avoir un compte email qui émet un style professionnel.

Au milieu de toute communication, vous devez garder une écriture totalement formelle, vous devez vous annoncer clairement et de manière personnalisée sur le prénom ainsi que le nom de famille, avant d'envoyer tout contenu il est vital d'ordonner chacune des idées que vous voulez exprimer, sans extension, c'est une communication courte.

Grâce à une structure simple, vous pouvez réussir cette tâche, sans oublier qu'il faut faire attention aux majuscules, ainsi que lire plusieurs fois pour ne pas être choquant ou agressif, en étant détaillé vous pouvez donner une grande impression sans créer une prédisposition sur celui qui le lit.

2. Google.

Les moteurs de recherche en ligne constituent un moyen complet de découvrir ce que les entreprises publient en ligne, de sorte qu'aucune offre d'emploi ne peut être négligée. Parallèlement, vous pouvez trouver des sites web qui publient des offres d'emploi, de sorte que vous pouvez les utiliser pour atteindre des offres d'emploi ou des entreprises.

Cet outil puissant est d'une grande utilité, en l'utilisant comme il se doit, vous pouvez trouver et vous perdre dans de nombreux résultats lors d'une recherche, mais sans perdre de vue la valeur des offres et des entreprises réelles, il n'est pas nécessaire de perdre du temps, pour cela vous avez en faveur de Google comme l'un des plus importants moteurs de recherche.

L'importance de ce moteur de recherche réside dans la manière dont vous pouvez l'utiliser, votre principale obsession devrait donc être de trouver les meilleurs résultats dans Google, afin d'obtenir les données les plus pertinentes. Il est facile d'arriver à ce point en plaçant "emploi offert pour", ou quelque "offre d'emploi".

Vous devez comprendre que Google indexe ce qui est écrit derrière le contenu de ce portail web, donc lorsqu'une entreprise recherche un employé, cela est filtré dans Google dans la façon dont elle l'exprime, vous devez suivre le type de mots habituels qui sont utilisés pour y parvenir et avoir une meilleure chance.

Utilisez les premiers mots-clés qui vous viennent à l'esprit lors d'une recherche sur Google, pour autant qu'ils soient en rapport avec le sujet de l'emploi, vous pouvez examiner de près chacun des résultats affichés, et parcourir chacun des sites web, le principal guide est l'offre qui apparaît dans le titre principal, étant utile à l'avenir.

Tout d'abord, vous devez choisir les mots-clés, plus ils sont concrets, plus les options sont nombreuses, de la même manière, vous pouvez restreindre les résultats, au moyen d'outils, vous pouvez les personnaliser pour atteindre des données spécifiques, vous pouvez imposer des filtres pour faciliter tout le processus, c'est une excellente alternative pour vous.

3. Annonces classées publiées en ligne.

Les sites d'offres d'emploi sont disponibles sur l'internet, car les entreprises et les employés potentiels peuvent s'y connecter de manière transparente. C'est un environnement idéal pour publier des offres d'emploi et accéder à l'emploi que vous souhaitez obtenir, ces sites vous permettent généralement d'ajouter des détails sur vous-même.

Cette option vous permet d'avoir un moyen direct d'obtenir des offres d'emploi certifiées, sous un profil expérimenté ou inexpérimenté, chaque portail cherche un avantage concurrentiel pour les deux parties, étant un niveau plus élevé de commodité, de gain de temps et une plus grande facilité de recherche.

Normalement ces services web sont divisés par section, d'une part il y a les demandeurs et d'autre part les candidats, en ayant accès vous pouvez considérer certains quotas, cette liberté vous permet à travers un enregistrement d'avoir la possibilité de classer le type d'offres par activités et zones géographiques.

Grâce à ces points, vous devriez inclure votre curriculum, de consulter tous les détails de la demande, ces moyens en ligne sont idéales pour vous d'avoir un point de départ pour trouver l'emploi idéal, en utilisant une grande base de données, où ils vont voir votre CV un grand nombre de tableaux d'emploi avec de grands résultats.

Les tableaux d'affichage des offres d'emploi peuvent être trouvés par spécialité, ce qui vous permet de filtrer par votre domaine de prédilection pour voir quels sont les emplois disponibles. L'important est qu'il y a tout un monde disponible pour vous offrir en tant que candidat solide, c'est une marge pleine d'opportunités.

4. Consultants.

Une fois que vous êtes en mesure de télécharger ces informations, vous pouvez profiter de cette formule qui vous propulse vers des options d'emploi de haut niveau, car si vous vous montrez attrayant, il ne fait aucun doute qu'un recruteur va vous contacter.

L'augmentation de ces possibilités peut se manifester lorsque vous réalisez un curriculum totalement adapté, de cette façon, lorsqu'il entre dans une bourse de l'emploi, il va se démarquer, pour s'en assurer un cabinet de conseil étudie la présentation que vous émettez au monde, son fonctionnement réside derrière les ressources qui sont mises en œuvre pour aider les candidats.

Dans certaines alternatives, le téléchargement du CV peut être gratuit, mais dans la plupart, vous devez payer des frais pour ce coup de pouce, car votre proposition peut être insérée dans une base de données, en plus de passer des examens, vous pouvez opter pour ce pari afin que le recruteur puisse être captivé par vos données.

Une fois le CV testé, vous pouvez supposer que le CV contient des mots-clés qui devraient correspondre au profil du candidat recherché. Avec une description précise, vous avez beaucoup à gagner, alors que si vous négligez ces détails, vous ne serez pas considéré comme une option viable.

Avant de rédiger et d'envoyer votre CV, il ne fait aucun doute que vous devez réfléchir au type de mots que vous utilisez, ainsi qu'aux termes dont vous avez besoin pour faire en sorte qu'ils soient sur le radar de l'entreprise qui cherche à vous embaucher, mais au fil du temps, votre profil professionnel doit également être mis à jour.

Ces sociétés de conseil sont connues sous le nom d'agences de travail temporaire, où les conseils sur la manière de trouver l'emploi que vous recherchez finissent par être idéaux, ils font partie d'une ressource pour l'avenir, mais l'essentiel est qu'ils vous permettent d'appliquer votre CV de la bonne manière.

5. Emploi public.

Des emplois publics sont publiés sur l'internet tous les jours, grâce aux petites annonces qui ont été intégrées à la technologie. Cela se produit généralement avec des emplois liés à l'immobilier, à l'automobile et à tout ce qui a une présence en ligne de nos jours.

De la même manière, les emplois publics sont associés à une modalité ou à une dynamique de vie, différentes institutions gouvernementales participent à ce processus de sélection, même l'administration publique a un impact, ce sont des initiatives pour les citoyens, même les entreprises depuis leurs portails participent à ce recrutement.

Cette façon de chercher un emploi est très positive de nos jours, ce sont des environnements qui publient leurs offres d'emploi comme une contribution sociale, dans ce média le CV joue un rôle clé, vous pouvez visiter ces sites web à travers Google, c'est une option disponible pour chaque besoin.

6. Les réseaux sociaux.

La pertinence et l'impact des réseaux sociaux sur la recherche d'emploi reposent sur le nombre de personnes qui préfèrent ce média, ce qui amène un grand pourcentage d'entre elles à le considérer comme le média idéal, rendant les médias traditionnels complètement obsolètes.

La plupart des entreprises continuent également à rechercher des employés par ce canal, et l'utilisent comme source de recherche pour reconnaître les candidats ou les postulants sur la base de leur profil ou de leur portfolio sur les médias sociaux, ce qui débouche sur un entretien d'embauche plus sérieux.

La présence sur les médias sociaux est importante pour certains emplois, il est donc préférable de les tenir à jour, car vous pouvez attirer l'attention d'une entreprise par ce canal, cela fait partie de ce devoir de vous vendre ou d'appliquer un marketing qui vous profite à un niveau personnel.

Dans le monde les médias sociaux sont utilisés comme une vitrine pour présenter vos compétences, vous pouvez également expliquer qui vous êtes et les compétences que vous possédez, ainsi il vous permet de transmettre beaucoup plus que la vacuité d'un CV, l'étude de chaque média social laisse une opportunité flagrante de rechercher un emploi avec succès.

- **Recommandations concernant l'utilisation des réseaux sociaux pour la recherche d'un emploi**

Une méthode de recherche d'emploi est l'utilisation des réseaux sociaux, il s'agit d'une ressource précieuse et vous pouvez utiliser chacun de ses avantages, surtout quand il s'agit d'un environnement professionnel comme LinkedIn, ou l'utilisation de Xing est également frappant, mais progressivement Facebook a été utile pour cette mission, et cela rejoint Twitter également.

Dans chacun des points sociaux mentionnés ci-dessus, c'est un devoir d'établir un contact étroit avec les entreprises où votre profil correspond, c'est une participation active qui vous permet d'entrer en contact avec des personnes ou des entreprises qui vous intéressent en termes de travail, donc le premier devoir que vous avez est de concevoir une liste de contacts.

D'autre part, l'objectif principal ne doit pas disparaître du profil, car il s'agit d'un moyen d'indiquer ce qui vous intéresse et, de cette manière, vous pouvez construire un concept de vous-même, et il en va de même pour l'entreprise, car vous saurez ce qu'elle recherche chez un employé.

Cela signifie que la mise à jour de votre profil est essentielle, sans négliger le type de commentaires que vous faites et les photos que vous partagez. Pour cela, vous pouvez avoir un profil professionnel et un profil plus personnel, pensez à utiliser et à créer les plateformes suivantes :

- **LinkedIn**

C'est un réseau social qui a une orientation de réseau professionnel, donc sa dynamique est de maintenir un contact professionnel complet, le succès au sein de ce réseau dépend des contacts et des groupes doivent être alignés à tout moment avec les activités et les intérêts de ce secteur de travail.

Il s'agit d'un moyen d'attirer l'attention des entreprises sur votre profil. Vous devez donc définir des objectifs à mettre en œuvre sur ce réseau social, qu'il s'agisse simplement de la recherche d'un emploi ou du développement d'une activité vers de nouveaux clients, ou encore de la mise en relation avec les leaders de votre secteur.

L'expérience personnelle que vous possédez peut être expliquée à l'aide de mots clés, cela implique de regarder les certifications, la profession et autres, au point de remplir les données du profil ou de le mettre à jour comme s'il s'agissait d'un CV, sans commettre de fautes d'orthographe, ces détails permettent de capter l'attention de tous.

Une image professionnelle peut être facilement véhiculée de cette manière, humanisant les talents professionnels, c'est un côté professionnel qui peut être mis en valeur par la dynamique de cette plateforme, dans le cas de LinkedIn, elle a souvent été utilisée pour rechercher un emploi, étant la véritable intention de sa création.

Les experts en différents sujets ou les chasseurs de têtes, continuent à utiliser activement ce moyen, donc les principales questions que vous devriez vous poser est de définir ce que vous voulez qu'ils voient dans votre profil et si elle est attrayante pour obtenir de recevoir une offre d'emploi, en répondant à ces questions vous pouvez aller de l'avant, également effectuer les étapes suivantes :

1. Configurez LinkedIn correctement. Avant d'utiliser ce réseau social, vous devez étudier chaque fonction qu'il propose, en particulier la question de la confidentialité, car vous devez choisir qui peut voir les informations que vous mettez sur vous.
2. Complétez chaque détail de votre profil, au milieu de l'exploitation de ce réseau social, vous avez la possibilité de l'utiliser comme un CV numérique, il est donc une règle générale de garder chaque élément d'information à jour, cela inclut les détails personnels et professionnels, de cette façon ils peuvent voir et étudier votre vie professionnelle.
3. Démarquez-vous des autres utilisateurs, il est essentiel de diffuser l'intention de trouver un emploi, cela peut être inclus dans votre profil, sans trop ennuyer les observateurs de ce réseau social, mais que les chasseurs de têtes puissent voir ce que vous recherchez ou ce qu'ils peuvent vous offrir. De plus, vous

pouvez utiliser ce réseau social pour faire des recherches sur une entreprise, surtout si elle a un rapport avec ce que vous recherchez, ainsi vous pouvez l'intégrer dans vos contacts, et vous serez le premier à savoir s'il y a un poste vacant que vous pouvez obtenir, dans ce réseau social est beaucoup plus bénéfique pour faire des amis.

4. Utilisez des mots-clés, ce réseau social dispose d'un moteur de recherche où les mots-clés ont une grande influence, en incluant les bons, vous pouvez faire en sorte que votre profil soit trouvé plus facilement, au point de tomber sur une bonne nouvelle.
5. Consacrez-vous à vous démarquer au sein de ce réseau social, avant toute offre d'emploi qui se présente sur ce support, n'hésitez pas à faire tout votre possible pour l'atteindre, vous ne devez pas attendre plus longtemps que nécessaire pour voir l'annonce sur le profil de l'entreprise ou du contact.

Une option telle que LinkedIn est classée comme très précieuse, car il s'agit d'un environnement où des personnes partageant les mêmes idées se rencontrent, formant un groupe professionnel, ce qui est très utile lors de la recherche d'un emploi, car il s'agit d'un réseau mondial qui établit des contacts autour de votre profession.

- **Xing**

L'utilisation de cette plateforme n'est pas liée aux fonctions que possède LinkedIn, car elle développe un autre type de modalité pour contacter des personnes, et dispose de groupes thématiques pour discuter et établir des relations dans des forums, générant ainsi un grand nombre d'offres d'emploi ou de publications d'événements de certaines entreprises.

Le contact au sein de ce réseau social, s'effectue par le biais de la demande de contact, qui doit être confirmée par le destinataire, cela permet de créer des relations bidirectionnelles, le système lui-même aide chaque utilisateur à exposer les informations de son profil pour attirer l'attention.

Parmi les informations qui circulent dans ce média, les bulletins hebdomadaires se distinguent, où l'on peut trouver des événements, des statistiques et bien d'autres choses encore. Il suffit de s'inscrire et les options sont gratuites, bien qu'il existe un mode utilisateur Premium, qui permet d'envoyer des messages à des utilisateurs qui ne sont pas vos contacts, par exemple.

Pour rechercher un emploi par ce biais, vous devez effectuer des actions similaires à celles mentionnées ci-dessus avec LinkedIn, bien qu'il s'agisse d'un réseau social de moindre portée que les autres réseaux sociaux, mais spécialisé dans la création de profils à retrouver dans une recherche d'employés émise par une entreprise.

Avec au moins 45 millions d'utilisateurs, il facilite un niveau important de visibilité au niveau de l'emploi et est utile pour les chefs d'entreprise ou tout candidat, étant un point de rencontre numérique beaucoup plus puissant ou concentré à cet effet.

- **Facebook**

Les réseaux sociaux tels que Facebook ont acquis une place importante pour diffuser et obtenir des informations, produisant ainsi une sélection beaucoup plus optimale du personnel ou de l'emploi, c'est un média sur lequel de plus en plus d'utilisateurs recourent pour atteindre le type d'emploi qu'ils avaient tant désiré.

Il suffit de prendre en compte le nombre d'utilisateurs de Facebook, qui est de plus de 900 millions d'utilisateurs, obtenant un niveau de popularité aussi élevé que Google, c'est donc un réseau social qui fonctionne pour les recruteurs, il rapproche tout candidat d'une offre d'emploi qui est publiée.

La présence dans les réseaux sociaux ouvre les portes pour délivrer des informations exceptionnelles à une entreprise, il suffit d'examiner le profil pour avoir un aperçu du type de candidat que vous êtes, ce qui en fait un élément incontournable à considérer comme attractif pour vendre vos compétences professionnelles.

La dédicace sur ce réseau social montre une utilisation quotidienne d'au moins 20 minutes par jour, c'est une donnée importante car elle indique que c'est un point d'accès considérable pour trouver un emploi, mais le soin avec les données du profil augmente, vous pouvez utiliser à votre avantage la quantité de trafic qui est sur ce réseau social.

Le profil Facebook permet de mesurer de nombreux aspects personnels, de sorte que vous ne pouvez pas hésiter à vous présenter comme un futur employé très attrayant. L'utilisation de ce média pour la recherche d'un emploi implique le respect de certaines normes, qui vous permettront de vous distinguer comme un candidat fiable, ce qui va de pair avec ce que vous publiez.

Il est préférable de ne pas critiquer une entreprise, aussi fondée soit-elle, et encore moins de poster des photos excessives lorsque vous recherchez un emploi, car cela crée une présentation hors contexte, et vous perdrez l'intérêt de tout recruteur.

Pour obtenir une offre d'emploi dans cet environnement social, vous devez veiller à créer une image propre à attirer l'attention d'un recruteur :

1. Fournir une photo de profil appropriée, il ne faut pas prendre de risque pour ce petit détail, car la première impression compte, il n'est pas nécessaire d'exagérer pour créer une présentation qui fonctionne, mais au moins qui ne va pas raconter le secteur dans lequel vous travaillez.
2. Soignez chaque petite description dans la biographie, les détails descriptifs sur Facebook doivent être mis à jour, cela vous amène à fournir une meilleure image de vous-même, vous pouvez consulter votre profil avec d'autres personnes pour atteindre une critique constructive.
3. Incluez et ajoutez des détails sur l'expérience professionnelle, il est essentiel que ce type de données ne soit pas négligé, mais vous ne devez pas exposer tous les détails concernant votre description de poste, vous ne devez publier que les aspects personnels et professionnels que vous voulez qu'ils connaissent.
4. Postez des liens vers votre portfolio ou d'autres sites, il est essentiel pour eux de mesurer votre potentiel professionnel, la construction de différents profils

professionnels est une aide précieuse pour mieux vous positionner, surtout lorsque vous pouvez inclure des informations positives sur vous-même.

5. Rejoignez des groupes sur Facebook, dans ce média social il y a plusieurs groupes qui sont dédiés à la publication d'offres d'emploi, donc en devenant membre vous pouvez découvrir les dernières nouvelles afin de profiter de ces opportunités, et vous pouvez même interagir avec d'autres candidats.

Cela illustre le type d'outil que Facebook devient pour la recherche d'un emploi, mais c'est à vous de commencer à considérer ce réseau social comme plus que de simples messages sociaux, afin que le profil que vous construisez ait une valeur beaucoup plus professionnelle.

- **Le rôle des groupes et des pages Facebook dans la recherche d'un emploi**

Le principal avantage de Facebook lors de la recherche d'un emploi est qu'il permet de localiser des contacts et de partager des informations, mais le plus simple est de participer à des groupes thématiques au sein de ce réseau, où ils sont dédiés à la recherche d'employés et vous pouvez vous renseigner sur les offres disponibles en visitant un groupe spécialisé dans ces publications.

Un exemple pratique est que vous pouvez vous intéresser à un domaine particulier et, pour trouver des travaux connexes sur Facebook, vous pouvez vous ajouter à des groupes qui se décrivent comme axés sur cette profession et le pays dont vous faites partie.

Ce type de recherche peut aller du très spécifique à la recherche de groupes vraiment prometteurs, chacun conservant un type d'orientation différent pour trouver un candidat juste sur ses préférences, pour faire partie de ce type d'opportunité, vous devrez peut-être demander des autorisations à l'administrateur.

Normalement, vous pouvez être admis si vous vous conformez à leurs règles d'interaction, et un grand nombre de groupes sont ouverts, la différence entre l'un et l'autre a à voir avec la préférence de la vie privée, ces environnements imposent l'avantage de la participation directe avec d'autres personnes et vous permettent de vous connecter avec vos intérêts.

Une autre alternative similaire est de communiquer directement avec les pages des entreprises, comme sur Facebook, différentes entreprises créent ces espaces pour encourager un entretien, étant un intérêt réel que les entreprises peuvent exprimer, et l'utilisateur peut apporter des idées ou ses compétences pour s'intégrer.

- **Twitter**

Il est conçu comme l'un des réseaux sociaux les plus populaires, où les offres d'emploi sont également publiées, mais il est utilisé moins fréquemment par rapport aux réseaux sociaux précédents mentionnés, mais il est important d'être présent et attentif à ces incidences.

Pour trouver du travail sur ce support, vous pouvez mettre en œuvre les suggestions suivantes afin de vous démarquer plus facilement :

1. Créez un nom d'utilisateur sérieux, cela vous permet d'avoir une présentation beaucoup plus authentique

lorsque vous cherchez un emploi, c'est une facilité pour utiliser largement votre profil comme un aspect accrocheur.

2. Il s'agit d'un espace à utiliser abondamment, car il permet de susciter l'intérêt pour votre proposition professionnelle. Vous pouvez également l'utiliser lorsque vous vous renseignez sur les intentions d'une entreprise, car il s'agit d'une mesure de visibilité.
3. Définissez des images personnalisées, au lieu d'utiliser une image par défaut, il est préférable d'utiliser votre propre design qui vous permet de vous identifier, surtout en tenant compte du fait que ces détails apparaîtront dans votre biographie, en plus vous pouvez vous occuper de l'inclusion de liens.
4. Vous devez tweeter activement. Il est important que si une entreprise consulte votre profil, elle puisse y trouver des publications récentes, ainsi qu'une influence directe sur les informations provenant de l'environnement de travail.
5. Recherchez des offres d'emploi, le moteur de recherche de ce réseau social vous permet de trouver une

offre d'emploi, car les recruteurs peuvent utiliser cette option pour publier une opportunité spécialisée.

Sur Twitter, vous pouvez mettre en œuvre certains outils pour saisir les opportunités d'emploi, l'essentiel étant que dans chaque réseau social, vous pouvez ouvrir la porte à la recherche d'un emploi.

- **Google**

Le développement de Google en tant qu'outil de recherche d'emploi est lié au fonctionnement de Google Plus, où un large cercle ou niveau de partage de données est utilisé, ces utilitaires définissent des contacts importants, l'essentiel est que des réseaux puissent être formés pour trouver du travail.

Compléter votre profil dans cet outil vous permet de les faire connaître jusqu'à ce que vous obteniez l'emploi dont vous avez besoin, mais pour cela vous devez établir les cercles que vous voulez voir voir vos messages, au milieu de cette recherche d'emploi, vous pouvez ajouter des informations sur la recherche d'emploi que vous faites.

Au milieu de ces fonctions se trouve la possibilité d'ajouter des contacts d'entreprise, ce qui exige que vous adaptiez le type de communication que vous partagez, car il est essentiel que le message puisse être exposé, il est de bon sens d'utiliser le média de la meilleure façon pour diriger la meilleure présence vers les entreprises.

L'un des atouts de ce réseau social est que vous pouvez vous positionner en tant qu'expert, mais pour atteindre ce niveau, vous devez démontrer que vous savez de quoi vous parlez. Vous pouvez utiliser Twitter et d'autres blogs pour établir le type d'opinion que vous avez sur ce secteur de travail.

Avant d'utiliser ce réseau Google, vous devriez étudier le type de fonctions qu'il possède actuellement, car cela peut être un point important à exploiter pour obtenir des résultats clés sur les utilitaires que ce moteur de recherche ne cesse de créer.

- **Blogs**

Un instrument tel qu'un blog devient un moyen idéal pour partager vos idées, cela fonctionne comme une accroche lorsque vous voulez être remarqué en tant que professionnel, c'est un contexte à prendre en compte car il postule des raisons pour les entreprises de décider de vous engager.

La connaissance de soi est une étape clé pour vos intérêts à être un moyen de frappe de vouloir faire partie de n'importe quel emploi, donc si vous n'avez pas un blog personnel, il est temps de le faire, car il est un temps investi pour être un candidat à être considéré par la société qui embauche, il sert à présent et l'avenir.

L'objectif principal est que vous ayez la liberté d'exprimer vos intérêts et vos idées, tant qu'ils peuvent être liés au domaine d'emploi, cela permet de mieux influencer la recherche d'emploi, car lorsqu'un employeur peut voir votre blog, il peut avoir une image beaucoup plus dynamique de votre CV.

Il est indispensable d'écrire régulièrement, cela permet aux visiteurs de trouver un blog beaucoup plus nourri d'informations, car vous pouvez être plus à jour, vous pouvez obtenir un degré de valeur qui plaira à n'importe quel recruteur, mais avec la fonction de transmettre une idée claire sur votre capacité et votre intérêt pour le travail.

- **Objectif sur les réseaux sociaux**

La recherche d'un emploi sur Internet est facilitée par le côté beaucoup plus précis car on peut tomber sur des publications qui expriment "telle profession avec une expérience dans telle autre", les offres qui abondent dans ce média et qui sont accrocheuses, permettent de s'adapter aux exigences pour être considéré comme candidat.

Au milieu de cette offre, vous pouvez mesurer le type d'emploi qui en résulte, pour cela vous devez traiter des données générales sur l'entreprise, et pour mesurer l'environnement de travail vous pouvez consulter vos contacts si l'un d'entre eux continue à travailler dans cet environnement, étant un point concret pour estimer l'offre.

Comment tirer parti de l'utilisation de LinkedIn pour la recherche d'emploi ?

Il ne fait aucun doute qu'en ligne, l'un des meilleurs et des plus grands réseaux professionnels est LinkedIn, car il s'agit d'une plateforme idéale pour accéder à un emploi intéressant au niveau national et international, mais vous devez savoir comment l'utiliser pour concrétiser tout objectif que vous vous fixez au niveau professionnel.

Tout d'abord, depuis sa fondation en 2002, elle se consacre à la création d'accords permettant de développer une bourse de l'emploi dynamique en ligne, à laquelle plus de 200 pays peuvent participer, auxquels s'ajoutent de grandes entreprises qui utilisent ce média pour proposer des offres et trouver des employés.

Le recrutement est une mesure qui se développe facilement dans cet environnement, et il fonctionne comme un réseau social car il facilite la diffusion d'informations sur l'entreprise, la publication d'un événement ou une action similaire, ce qui explique qu'il s'impose comme un outil utilisé par la majorité des recruteurs.

L'opération est entièrement bilatérale, pour fournir un emploi, ainsi que pour rechercher, ce qui en fait un point de connexion à ne pas négliger, mais il est essentiel d'utiliser pleinement chacune de ses fonctions, où la première exigence repose sur la création d'un profil solide, ainsi que la prise en compte de ces détails :

- **CV en ligne**

La définition idéale de LinkedIn est comme un curriculum en ligne, par ce moyen vous pouvez exposer les données pour que vous soyez accrocheur aux entreprises, mais il va plus loin car il permet la connexion entre chaque partie pour concrétiser un emploi ou un poste, il est donc essentiel de veiller à la création d'un profil adéquat.

Le pouvoir de ce type de CV en ligne est que les entreprises peuvent avoir un accès direct à vos informations, sans tenir compte du nombre de soumissions de CV, une visite de votre profil suffit.

- **Augmentez votre présence sur cette plateforme**

Le développement de l'emploi qu'offrent ces médias sociaux est reconnaissable, il permet de faire croître l'aspiration au travail de manière reconnaissable, mais il ne s'agit pas seulement de mettre son CV en avant, il faut être un utilisateur actif, ainsi on peut trouver une opportunité sur un forum.

- **Personnalisez l'URL**

La propre plateforme de LinkedIn génère une URL lorsque vous créez un profil, celle-ci peut être modifiée pour intégrer votre prénom et votre nom de famille, c'est un paramètre utile pour que le profil public puisse être une description plus accrocheuse que vous pouvez inclure sur un autre réseau social pour générer du trafic.

- **Établissez que vous êtes à la recherche d'un emploi**

Au milieu de votre recherche d'emploi, vous pouvez mettre en œuvre quelques mots-clés, cela vous permet d'être trouvé plus facilement lorsqu'il y a une offre d'emploi, cela peut être axé sur le type de profession que vous avez, qui doit faire partie de votre profil.

- **Faites-vous remarquer grâce au profil**

Il ne fait aucun doute que le profil LinkedIn doit atteindre un niveau attractif, c'est pourquoi les recommandations par mots clés ont un sens, étant une grande identification, où la chose la plus importante est que l'expérience professionnelle peut être mise en évidence.

- **Améliorez et augmentez vos compétences**

La présentation que vous créez sur votre profil doit inclure davantage vos compétences, elles doivent être pertinentes ou compatibles avec le domaine dans lequel vous travaillez, cela vous donne un avantage unique car vous pouvez être contacté pour l'attractivité de vos compétences et la date d'une éventuelle formation complémentaire.

Les étapes résumées pour rechercher un emploi dans ce média sont l'inscription ou la connexion, puis il y a l'utilisation du moteur de recherche pour trouver une offre d'emploi, où vous pouvez inclure le rada d'utiliser des résultats du monde entier, à faire partie de groupes où toutes sortes d'emplois sont offerts et vous ne devez pas cesser de travailler sur votre réseau et le nombre de contacts.

Conseils pour trouver un emploi

Lorsque vous cherchez un emploi, il vaut mieux se concentrer sur les options disponibles plutôt que sur les refus que vous recevez au milieu de votre recherche d'emploi, car c'est la persistance à trouver une opportunité qui a le plus de valeur.

1. **Examiner les options de zonage**

Autour de votre environnement ou de votre localité, vous pouvez trouver des entreprises qui continuent à publier les demandes d'emploi, alors passez par les zones les plus adjacentes, cela peut vous conduire aux options dont vous avez besoin, c'est habituel dans les entreprises liées aux restaurants, c'est une façon de profiter du temps libre que vous avez.

Face à une situation compliquée, il s'agit d'une solution idéale, car elle vous permet de stabiliser votre situation professionnelle et de passer ensuite à d'autres alternatives. Il est important de ne pas exclure ce type de parcours, car il vous offre une option de travail tout à fait valable, selon la situation, mais il peut s'agir d'un parcours raisonnable.

2. **Visitez et explorez les sites web d'emploi**

Une option très populaire aujourd'hui est l'utilisation de sites web dédiés à la recherche d'emploi, qui sont des portails qui contiennent une variété d'offres, où vous pouvez trouver le type d'alternatives qui existent dans votre secteur, et même trouver des offres locales, ainsi que des offres internationales telles que le développement à distance.

Pour chaque région, il existe des portails plus puissants, il est facile de trouver sur Google tout un panorama d'options pour votre lieu de résidence ou pour la profession que vous exercez, c'est donc un scénario positif pour vous faire gagner du temps et des maux de tête, car c'est un moyen plus direct de trouver un emploi.

3. **Parier sur les agences de placement**

Une technique moderne qui facilite toutes les voies d'accès à un emploi, et qui peut en même temps mieux vous préparer, sont les agences pour l'emploi qui peuvent être établies directement dans votre localité ou avec une gestion en ligne qui fonctionne également, même les États ont pris l'initiative de participer à ces initiatives.

Pour établir un lien avec une offre d'emploi décente et compatible avec vos ambitions, vous pouvez explorer cette voie, dont la principale performance repose sur la manière active de communiquer que vous recherchez un emploi, y compris la reconnaissance et les conseils fournis par ces services à portée internationale.

4. **Exploiter les réseaux sociaux professionnels**

L'utilisation de Facebook, LinkedIn et d'autres comme Xing ou Viadeo, fonctionne comme une annonce d'intérêt de vouloir obtenir un emploi, pour que cela devienne une réalité il est essentiel de former un vrai profil qui est représentatif, vous devez garder à l'esprit que vous devez vous vendre comme un professionnel authentique.

D'autre part, ce type d'environnement social devrait vous encourager à générer de futures relations d'emploi, le secret réside dans le type de relation que vous êtes capable de créer, afin de recevoir des offres d'emploi ou, au contraire, d'envoyer votre CV pour tenter une entreprise, en étant utile lorsque vos compétences vous soutiennent.

5. **Tirez le meilleur parti des réseaux**

La mise en œuvre du réseautage comme moyen de créer des relations interpersonnelles vous aide à construire une base de contacts utiles, une large voie vers toutes sortes d'opportunités, le tout grâce à un effort social sur vos contacts afin que ces relations servent d'impulsion pour obtenir un emploi ou une offre commerciale.

Grâce aux contacts professionnels, vous pouvez semer un haut degré d'affinité, ce qui peut se traduire par un avantage direct pour vous, donc plus vous commencez tôt, meilleurs seront les résultats jusqu'à ce que cela devienne beaucoup plus spontané, si vous les avez, vous devriez les utiliser pour obtenir un emploi.

6. **Envoi de CV aux entreprises**

Cette technique est audacieuse car vous vous exposez à un plus grand nombre de refus, mais vous pouvez parfois être surpris par les résultats. Il suffit de sélectionner le type d'entreprise pour laquelle vous souhaitez travailler ou dans laquelle vos compétences sont les mieux adaptées, et de contacter le responsable des ressources humaines pour publier votre CV.

Normalement, vous pouvez envoyer une lettre, comme une exigence beaucoup plus agréable, l'essentiel est qu'il y ait une compatibilité avec votre parcours et le type d'entreprise avec laquelle vous traitez, afin qu'ils puissent voir un avantage direct sur l'alternative de vous embaucher, en laissant de côté le traitement froid qui peut augmenter vos chances.

Trouver un emploi à l'étranger sans en souffrir

Avant un voyage ou une opportunité de vivre dans un autre pays, c'est un grand besoin de reconnaître la façon de chercher des options de travail, ce niveau d'expérience mérite de prendre en compte certaines clés pour ne pas échouer dans le processus, donc pour atteindre cet objectif dans un autre pays, vous pouvez suivre quelques conseils utiles et de grands résultats.

- **Sélectionnez la destination et apprenez-en plus sur chaque détail**

Un bon voyage peut être assuré et commence à partir des informations que vous avez, donc avant de prendre toute décision il est essentiel que vous connaissiez le pays en profondeur, sur internet vous pouvez trouver le matériel dont vous avez besoin pour faire cette démarche avec plus de sécurité, l'essentiel est de décrire la destination avant de se déplacer.

Cela est compatible avec l'idée de choisir un pays compatible avec le profil professionnel que vous possédez, ainsi qu'avec la proximité des goûts et des possibilités de l'environnement, mais vous ne devez pas négliger le niveau de croissance ou de salaire qu'il offre, ainsi que le poids des services publics.

- **Identifiez le type d'expérience professionnelle que vous avez**

Après avoir choisi ou imaginé le type d'expérience professionnelle dont vous disposez, vous pouvez ensuite envisager certaines étapes à franchir, notamment le type de vie que vous souhaitez mener à l'étranger, ainsi que l'établissement d'un plan financier, si vous avez l'intention de travailler de manière saisonnière et de privilégier l'aspect vacances.

D'autre part, vous pouvez garder à l'esprit la possibilité de travailler et d'étudier en même temps, pour continuer à acquérir plus de compétences professionnelles. Grâce à ces questions, vous pouvez fixer certains objectifs lors d'un voyage, où vous ne pouvez pas négliger ce contact enrichissant qu'implique le fait d'être dans un autre pays.

- **Préparez vos documents académiques**

Après avoir pris quelques décisions de base, la prochaine chose à faire est de préparer les documents qui vous permettront de chercher et d'obtenir un emploi à l'étranger. La chose la plus importante est le type de diplôme, vous devez présenter le plus récent, et il doit être adapté à la législation internationale afin qu'il n'y ait aucun problème et qu'il soit accepté.

D'autre part, vous pouvez présenter des diplômes accréditant les compétences professionnelles que vous possédez, vous ajoutant ainsi à la liste des personnes intéressées par un poste, mais ces règles sont différentes pour chaque pays, alors n'hésitez pas à soumettre votre preuve de professionnalisme à une validation qui vous donnera la liberté.

- **Améliorer les compétences linguistiques**

Trouver un emploi au-delà des qualifications et des compétences professionnelles ne suffit pas car il faut aller plus loin et soigner la communication, donc maîtriser la langue, mais il ne suffit pas d'être bilingue, il faut aller plus loin jusqu'à être trilingue et avoir un certificat international qui peut le confirmer.

Dans un pays qui impose une maîtrise avancée de la langue, vous ne souffrirez d'aucune limitation, et encore moins de l'exercice de votre profession. En tant que travailleur étranger, vous devez donc maîtriser ces détails, pour être vous-même un local, ce qui facilite également toute demande de visa ou autre procédure d'immigration.

- **Adapter le format du programme de formation au pays de destination.**

Lors de la recherche d'un emploi à l'étranger, il est très important de disposer d'un CV attrayant en soi, sans oublier le style classique de formalité et d'élégance, ce qui ne doit pas être un obstacle ni être complexe, il suffit d'y travailler.

La première étape consiste à trouver comment faire un CV pour le pays que vous avez en tête ou pour ce continent, afin qu'avec des concepts de base vous puissiez commencer à le rédiger, mais ce n'est pas seulement le contenu qui compte, mais aussi la structure, car tout le style doit être estimé en fonction du pays de destination.

- **Devenez membre de sites d'emploi en ligne**

Une fois que vous avez constitué un CV répondant aux exigences de votre pays de destination, ainsi qu'un certificat de langue, il est temps de chercher l'emploi que vous recherchez dans un autre pays. Ce processus peut être effectué depuis votre ordinateur en faisant partie d'une bourse de l'emploi ou d'un site web de ce pays.

À l'échelle internationale, vous trouverez peut-être une réponse auprès de certains portails, ceux-ci imposant une offre d'emploi mondiale, comme la fonction de brillance d'Indeed et l'autre option de Freelancer, qui vous permet de rechercher sur Google un site web disponible dans le pays que vous ciblez.

Trouver un emploi dans le marketing numérique

Trouver une opportunité d'emploi dans le marketing numérique peut être délicat, notamment parce qu'en tant que débutant, vous pouvez considérer que vos aspirations sont inférieures à celles des agences, des cabinets de conseil, des startups et des autres entreprises de ce secteur.

Entrer dans cette dynamique peut sembler impossible, mais dès le premier jour vous pouvez travailler pour cela, pour atteindre une opportunité minimale comme stagiaire ou junior au sein d'une agence de publicité, pour atteindre ces résultats vous pouvez explorer toutes les alternatives qui existent pour vous intégrer dans ce développement.

1. **Établir une présence numérique**

Une étape prioritaire, au même niveau que votre CV, est de soigner votre présence numérique, car lorsqu'ils cherchent une alternative en ligne ou découvrent une offre d'emploi, ce qu'ils vont évaluer est le type d'image que vous présentez dans les médias sociaux, donc une étape fondamentale est de créer un profil professionnel sur Instagram et Facebook.

Dans tous les coins en ligne où vous pouvez aborder une offre, une fois que vous aurez créé une présentation en ligne solide et professionnelle, vous attirerez l'attention du personnel des ressources humaines. Demandez-leur ce que vous voulez qu'ils voient de vous, et ce qui vous distinguera et vous fera sortir du lot pour être embauché.

Dans le même temps, vous pouvez participer à des blogs, créer des podcasts ou présenter un certificat que vous détenez, de cette façon vous pouvez émettre une accroche pour essayer de capter l'intérêt des autres, vous allez obtenir une position ou une position beaucoup plus spéciale que les autres, étant un point pour se démarquer quand il s'agit de marketing numérique.

2. Éducation

Avoir la possibilité ou l'accès à ces postes dans le marketing numérique, dépend du niveau d'étude, cela exige que derrière votre présentation il peut y avoir une université réputée qui soutient la source d'origine de vos connaissances, il peut s'agir d'une licence ou d'un master comme spécialisation.

Ce type de parcours ou de présentation est l'un des plus décisifs, car si vous avez des compétences professionnelles en publicité, en économie ou en relations publiques, qui sont très similaires à ce qui est nécessaire pour gérer des actions de marketing, mais une autre spécialisation parallèle peut vous aider à attirer plus facilement l'attention.

3. Stages ou expérience professionnelle

Dans le monde de la publicité, il est très important d'incorporer des pratiques surtout pour se rendre plus utile dans le moyen de communication ou le marketing numérique lui-même, indépendamment du fait que vous avez commencé dans une grande ou petite entreprise, l'essentiel est qu'ils sont des premiers pas solides sur un sujet d'intérêt frappant.

L'avantage des stages est qu'ils peuvent être utilisés comme point de contact pour recevoir des offres d'emploi, en utilisant les connaissances acquises ou le nom de l'entreprise comme une introduction en soi. Normalement, une période minimale de séjour de 6 mois doit être établie sur ces postes pour servir de référence.

4. **Définir où chercher des emplois dans le marketing numérique**

Pour trouver un emploi dans le marketing numérique, vous pouvez parier sur LinkedIn, et d'autres, car ce sont des portails dédiés à ce que vous pouvez évaluer une offre d'emploi numérique, sous ce même style met également en évidence We Are Hiring étant l'un des portails pionniers à cette fin en Espagne.

Une autre plateforme pour rechercher des emplois dans cette catégorie est Bebee, car elle se concentre souvent sur le thème du marketing numérique, avec l'opération de Ticjob, qui est également un portail très important pour trouver des emplois, bien qu'il maintienne un accent sur les actions de carrière en informatique.

5. Lieux où vous pouvez postuler pour travailler

L'action de rechercher un emploi spécialisé dans le marketing numérique ne se limite pas à l'envoi de CV, elle nécessite une vision, car cela permet de reconnaître ce que l'on veut être à l'avenir ou ce que l'on peut développer, ce genre de qualité va permettre d'être exploité au maximum.

Il ne faut pas se limiter à bien faire les choses, mais il est essentiel d'en savoir beaucoup plus, afin d'utiliser au mieux les médias sociaux comme un outil de communication essentiel pour reconnaître les options disponibles, être une mesure professionnelle pour choisir une meilleure façon de se démarquer en tant qu'expert sur Pinterest ou Instagram.

6. Le programme d'études

Un aspect décisif est de maintenir une image numérique impeccable, sans laisser de côté l'intention d'apprendre tout le temps, sans aucune intention de stagner, cela vous permet de récolter de l'intérêt, et il en va de même pour votre profil, il doit être un point d'attraction en soi, sans oublier la mise à jour constante.

Il existe de nombreuses alternatives pour soigner et améliorer votre CV. Si possible, vous devriez investir pour devenir un spécialiste du marketing, car cela vous aidera à vous démarquer des offres qui existent dans ce domaine, en vous adaptant à des profils tels que SEO, SEM, Social Media et autres.

Trouver un emploi sans expérience

En toutes circonstances, la recherche d'un emploi sans expérience peut être un casse-tête pour tout candidat, car vous devez surmonter l'exigence commune d'avoir une maîtrise vérifiable d'un certain domaine, ce qui peut sembler impossible, mais la solution réside dans la volonté d'atteindre un niveau supérieur de connaissances.

Le saut et la grande action de booster votre présentation personnelle est un devoir que vous avez envers vous-même, de cette façon vous pouvez repousser ces offres qui sont faibles en salaire, donc vous devez compenser l'offre de vos compétences pour atteindre d'autres chiffres, donc la voie à suivre est la suivante pour trouver un emploi :

- **Rédiger un curriculum vitae ou une lettre de motivation**

L'élaboration du CV d'un candidat ayant peu d'expérience est souvent mal ordonnée, car beaucoup d'informations non pertinentes y sont placées. Beaucoup de personnes essaient de présenter un CV plus long, mais cela est considéré comme une erreur, car il est préférable de réaliser une étude de marché.

Une fois que vous savez dans quelle direction aller, vous pouvez présenter des informations plus pertinentes, car c'est le secteur d'emploi qui vous indique quel type de formation est demandé, ainsi que les compétences nécessaires pour atteindre les objectifs de ce domaine, ce qui contribue à façonner votre CV en mettant ces détails en évidence.

- **Soumettez votre demande d'emploi dans les médias indiqués**

Une fois que vous avez créé votre CV avec les indications mentionnées ci-dessus, l'étape suivante consiste à postuler, mais au milieu de ce processus, vous devez éviter d'envoyer votre CV en vrac à n'importe quel type d'entreprise, ne vous laissez pas emporter par l'anxiété, il est conseillé de réfléchir au préalable à l'emploi.

Lorsque vous recevez une offre d'emploi, ce qui est mesuré, c'est le type de compétences que vous possédez, car celles-ci doivent être compatibles, l'ensemble de l'offre devant aller de pair avec la formation que vous possédez, afin que l'emploi soit mis à profit de manière générale.

- **Augmenter vos compétences et démontrer vos succès**

Lorsque vous vous trouvez au milieu d'une recherche d'emploi, la première étape est l'introspection, car elle vous aide à délimiter vos compétences ainsi que vos réalisations, les transformant ainsi en points forts sur votre CV, qui est une lettre idéale à mettre en valeur lors d'un entretien.

On l'oublie souvent, mais une formation ou un stage à l'étranger est un moyen idéal d'être un candidat beaucoup plus pertinent et unique aux yeux des recruteurs, car il fournit un plus grand nombre de retours sur votre entreprise et est rentable pour votre organisation.

- **Démontre une volonté d'acquérir davantage de connaissances**

Un recruteur tient compte de votre volonté d'intégrer davantage de connaissances, ce type d'apprentissage est un facteur frappant, car c'est un niveau d'intérêt dont un emploi a besoin et en incluant cette prémisse, vous pouvez être embauché, pour exploiter ce désir d'amélioration professionnelle.

- **La formation est le principal moyen**

Étant donné que vous n'avez aucune expérience professionnelle, l'éducation est l'un des points les plus précieux lorsque vous postulez à un emploi et le fait d'y investir vous aide beaucoup. Une étape clé peut donc être l'acquisition de plus de connaissances, ce qui devrait être démontré sur votre CV afin de l'utiliser comme une accroche pour le recruteur.

Afin de remplir ce côté attractif de la formation, vous pouvez opter pour des cours gratuits, de cette façon vous pouvez améliorer vos compétences, les accords que les entreprises font avec les universités, sont un point à considérer pour atteindre un niveau de formation attractif, ce sont des étapes qui vous rapprochent d'une meilleure qualité professionnelle.

- **Maintien d'une participation active**

Dans un marché de l'emploi aussi compétitif, il est compliqué de mettre en place une recherche d'emploi, il faut donc garder une attitude beaucoup plus active pour capter les offres d'emploi disponibles, il est conseillé de mettre en place des alertes sur les sites web, cela permet d'être au courant de toute offre d'emploi.

Au milieu de ce processus, vous devez rester patient, au-delà de toute réponse, il est vital que vous ne soyez pas frustré par les résultats, à court terme vous pouvez ne pas répondre à vos attentes, mais avec le temps la persistance conduira à un meilleur environnement de travail.

Les meilleurs portails d'emploi

Les portails d'emploi sont un moyen unique de trouver un grand nombre d'offres d'emploi, ils maintiennent un marché du travail dynamique et vous aident à vous faire une idée de ce qui est disponible pour le travail, les meilleurs pour réaliser vos objectifs de carrière étant les suivants :

1. **InfoJobs**

Elle est considérée comme une plateforme de recherche d'emploi très efficace, car elle offre une multitude d'options, vous pouvez rechercher des entreprises sur une base personnalisée ou effectuer une recherche par catégorie et même concevoir des alertes pour ne rien manquer des nouveautés.

En outre, lorsque vous sélectionnez un secteur particulier, vous pouvez obtenir des conseils de haut niveau pour étudier ce qui est lié à ce support, afin de dissiper tout doute jusqu'à obtenir une meilleure présentation.

2. **Monstre**

Cette plateforme vous permet d'accéder à un grand nombre d'offres d'emploi, car elle publie des offres d'emploi au niveau national et international. Parmi ses fonctions, on trouve l'utilisation d'un filtre avancé, avec la possibilité de télécharger votre CV pour recevoir des conseils concernant votre formation et vos aspirations.

3. **Je veux un travail**

Un moteur de recherche de ce type se concentre directement sur les Chambres de Commerce, vous devez vous inscrire pour utiliser ce moyen, de cette façon vous aurez la possibilité de postuler à une offre d'emploi, sans laisser de côté qu'il facilite l'amélioration de vos compétences pour augmenter la formation et avoir un réseau de contacts.

4. **Infoempleo**

Un portail qui mène la recherche active d'emploi est celui-ci, car il a le même fonctionnement ou la même dynamique que InfoJobs, la capacité de ce moteur de recherche réside dans les offres qu'il propose où des nouvelles et des conseils sont émis afin que la formation professionnelle soit un attrait.

5. **Eures**

Il est considéré comme un site web européen, à travers lequel vous pouvez obtenir des offres et des informations liées à la mobilité professionnelle, il est idéal pour toute personne qui souhaite travailler dans un pays qui fait partie de l'Union européenne, c'est donc un portail très pertinent pour que vous couvriez vos préférences et suiviez les procédures indiquées.

Conseils pour trouver un emploi à plus de 50 ans

Face à la crise du chômage, il est essentiel de reprendre le travail, au-delà de 50 ans, ou au moins d'envisager des offres pour s'occuper l'esprit et utiliser ses compétences pour continuer à produire des revenus, l'âge n'est pas un facteur limitant de nos jours, encore moins en raison de la puissance de la technologie.

Les déséquilibres de l'économie en tant qu'événement mondial de la taille de Covid-19, émettent une grande motivation pour rechercher une opportunité de surmonter les ravages de telles situations, où l'expérience ne doit pas être gaspillée mais au contraire, l'estime de soi doit être élevée, pour utiliser cette connaissance comme un point d'attraction.

La solution peut résider dans la participation à un travail volontaire, où le niveau d'utilité peut être considéré comme une valeur en soi, où le discernement est utilisé pour aider ceux qui n'ont pas de clarté sur les décisions futures, ce niveau de soutien est profitable dans la société et dans les situations confuses.

Ce qu'il faut pour profiter des opportunités d'emploi, quel que soit l'âge, ce sont les conseils suivants :

- **Faites preuve de compassion et mettez en avant vos compétences**

Le premier conseil est de mettre l'accent sur la confiance en ses capacités, car la recherche d'emploi est un scénario démoralisant pour tout le monde, mais l'essentiel est de ne pas se dégonfler face aux réponses que l'on reçoit - au-delà du rejet, l'essentiel est de tout prendre à bras-le-corps, et lorsque vous rencontrez une pierre d'achoppement, vous pouvez passer à autre chose.

- **Découvrez vos forces et vos expériences**

En tant que candidat, il est essentiel que vous soyez conscient de ce que vous valez face à une offre d'emploi, afin que la recherche d'offres d'emploi puisse être menée avec plus de succès et de discernement, ce qui se reflète facilement dans les mots clés qui figurent sur votre CV.

Insérer ses qualités est un aspect frappant dans les réseaux sociaux, car cela peut être valorisé pour obtenir un poste par une entreprise comme des tâches à distance, ce moyen d'action est plus simple dans tous les sens, il est facilement exécuté par des plateformes ou des portails d'emploi.

- **Volonté de changer de secteur professionnel**

Dans certains secteurs de grande concurrence, la chose la plus conseillée est d'avoir à l'esprit de se diriger vers une industrie différente, c'est une étape clé qui, lorsque vous l'avez, vous pouvez mettre beaucoup plus de votre part pour obtenir le travail que vous recherchez, sachant où aller et ce que vous êtes prêt à faire, la route est facilitée.

La formation et la technologie nécessaires pour franchir cette étape est un support qui vous permet d'oser franchir un pas définitif vers un emploi confortable. Les tendances modernes sont donc un point de départ sur lequel s'adapter, l'âge n'est qu'un signe d'expérience, vous pouvez l'utiliser à votre avantage, à condition d'accepter les utilités modernes.

www.ingramcontent.com/pod-product-compliance
Lightning Source LLC
Chambersburg PA
CBHW070110230526
45472CB00004B/1202